Susanne Imogen Rosanna Sánchez

SommerRegen

Eine lyrische Reise

durch die

Zyklen

des Lebens & des Sterbens

Seele! Erwache!

Im Licht!

Mögest du Deinem Herzen folgen…!

Denn nur das Herz kennt den Weg,

Den Deine Seele für Dich ersehnt.

Folge seinem Ruf!

Es ist der Ruf Deiner Seele,

Die Dich nach Hause führen will!

Komm, wir gehen!

Es ist soweit

SommerRegen-Zeit!

Susanne Imogen Rosanna Sánchez

SommerRegen

Eine lyrische Reise
durch die Zyklen
des Lebens & des Sterbens

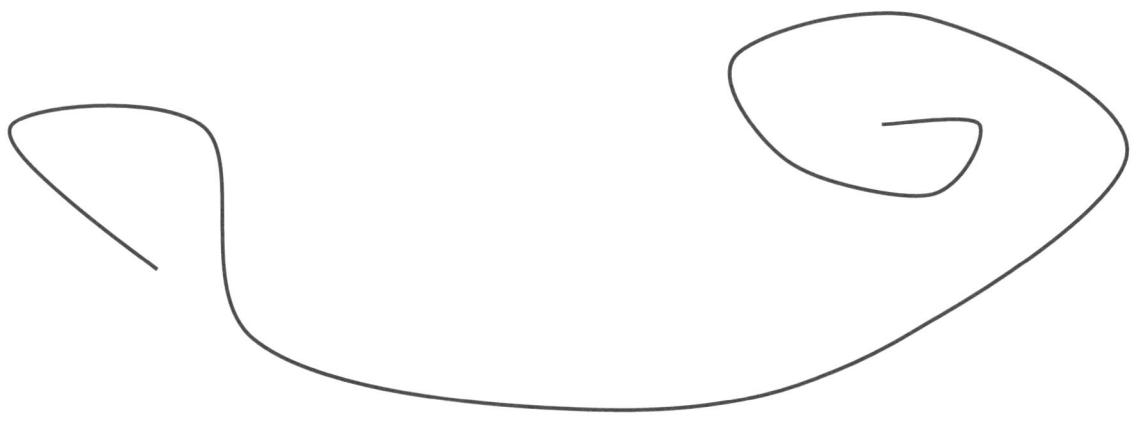

Bibliografische Information der Deutschen Nationalbibliothek:
Die Deutsche Nationalbibliothek verzeichnet diese Publikation
in der Deutschen Nationalbibliografie;
detaillierte bibliografische Daten sind im Internet über: http://dnb.dnb.de abrufbar.
© 2013 - Susanne Imogen Rosanna Sánchez
Illustration: Susanne Imogen Rosanna Sánchez
Bild & Text unterliegt dem Copyright
Weitere Mitwirkende: Michael Kern ~ Coverdesign & technische Ausarbeitung
Herstellung und Verlag: BoD – Books on Demand, Norderstedt
ISBN: 9783732243716

Jahreszeiten Geschichten

Die Jahreszeitengeschichten „Sommerregen"

Erzählen von der ewigen Wiederkehr

Des Lebens & des Sterbens.

Die Zyklen - tief verankert in uns ~

Erwachen stets zu neuem Werden.

Das Wissen um die Vergänglichkeit allen Lebens,
Es befreit mit einer wundervollen Zauberkraft.
„Sommerregen" lässt uns im Herzen
Der Unendlichkeit tanzen,
Frei & gelöst von aller Zeit.
Die Essenz allen Lebens
Ist die Liebe.
Sie Verströmt sich in unser ganzes Sein.
Wie ein lauer Sommerregen,
Der sich aus dem Einen Herzen

In unseres ergießt.

Erwachen

Frühling liegt in der Luft – wie wunderbar zu spüren:
Ich bin am Leben; mit jeder Zelle am großen Strom des Lebens beteiligt.
Die Vogelstimmen, die ein Liebeslied singen, sie klingen in meine Seele hinein, die dankbar die Melodie des Lebens in sich aufnimmt.
Alles ist von einer wunderbaren Kraft erfüllt; sogar der Wind, er vermag vom Kommenden zu erzählen – er trägt bereits das Geheimnis der werdenden Blüte in seinem Odem, und jede Zelle der Luft, sie ist so süß und hoffnungsfroh, dass sie mich alles Erfrorene, was in meiner Seele haust, vergessen lässt.

Mein Blick schweift zu den Bäumen, deren Anblick zu täuschen vermag: Nackt und kalt stehen sie da, neigen ganz sanft ihre Häupter dem warmen Wind entgegen, als wollten sie ihm zunicken, dass auch sie bereit sind.
Bereit, der rufenden Kraft des Windes zu folgen; ihn in ihre Seele hineinzulassen, um jede Zelle ihres Baumleibes an seiner Frühlingskraft zu erwärmen. Bald schon werden sie dem Ruf des Windes mit ihren jungen Blättern antworten, die sie dem Leben entgegenstrecken.
Wie viel Vertrauen zeigen sie doch mit dieser einfachen und demütigen Geste.
Wie viel Gewissheit tragen sie doch in sich –
so zart und zerbrechlich sind die jungen Blätter...

Vom Duft des Werdens

Vom Duft des Werdens

Es ist eigenartig. Jetzt strotzt der Herbst vor der Tür, alles duftet nach Moder, feuchtem Holz und welkenden Blättern, die Welt da draußen hat sich in ihre herbstlichen Gewänder gehüllt, und ich sitze hier und träume vom Frühling.

Aber so ist nun mal die menschliche Natur - sie hat die einzigartige Fähigkeit, sich stets in ein anderes Raum- Element zu katapultieren, als das Jetzt, was sie umgibt mit allen Sinnen zu genießen. Dabei liebe ich den Herbst mit all seiner Schönheit, und doch hält meine ‚Herbstliebe' mich nicht davon ab, ein wenig in Frühlingserinnerungen zu schwelgen, und das wirklich mit all meinen Sinnen!

Ja, das ist wirklich eine sehr, sehr menschliche Eigenschaft, und ich glaube, ich bin der Ursache für solch groteskes Verhalten, ein wenig auf die Schliche gekommen:

Immer, wenn wir etwas zu verlieren glauben, und das tun wir ja im Herbst, denn wir müssen uns von der sommerlichen Pracht verabschieden, dann setzt dieser Fluchtmechanismus ein, der mit allen Sinnen am Haben- und Behalten-wollen festhält.
So auch jetzt bei mir, und ich überlasse mich gern ein wenig dieser Melancholie, die alles in rosa-rotes Frühlingslicht taucht. Da ist in der Erinnerung kaum Platz für bittere

Nachgeschmäcker, für unangenehme Gerüche oder lapidare Momente, die wir mitten in der Intensität unseres Empfindens immerhin als gegenwärtig wahrgenommen haben.

Nun - aus der Erinnerung heraus, der herbstlichen, erscheint der Frühling natürlich farbenprächtiger, berauschender, wundervoller, denn je zuvor...!
Es ist alles von solch einer unerwarteten und elementaren Intensität, dass es mir reinstes Vergnügen bereitet, mich meinen Frühlingsträumereien hinzugeben. Jetzt - aus der herbstlichen Distanz heraus - duftet mein Frühlingsbad nach Kirsch- und Mandelblüten; alle Sinne öffnen sich diesem puren Badevergnügen, und selbst die Stimme der Vernunft, die oft den „wirklichen" Frühling verdirbt mit ihren profanen Gedanken und Moralitäten, (die immer dann auftauchen, wenn wir gerade am Genießen sind), ja selbst diese hoheitliche Stimme scheint sich vollkommen zurück zu ziehen, damit ich nun - zwar körperlich in einem anderen Raum- Zeitkontinuum, doch seelisch vollkommen im Zentrum des Geschehens, alles mit Intension erleben darf.

Ich möchte Sie ein wenig teilhaben lassen an meinen frühlingshaften Zeitreisen; vielleicht sind ja auch Sie gerne bereit, einer anderen Jahreszeit zu entfliehen?
Und sollte bei Ihnen zufällig gerade der Frühling herrschen, mit all seinen verlockenden Düften, na bitte:
Dann mag es für Sie die beste Möglichkeit sein, *Ihren* lapidaren Angelegenheiten, die Sie vom wirklichen Gewahrwerden abhalten, ein wenig zu entfliehen, um mit mir gemeinsam ins berauschende Blütenmeer zu tauchen:

Und……………? Sind Sie bereit?

Frühlingserwachen

Sie erwachte sehr früh am Morgen, die Luft, die durch' s Schlafzimmerfenster zu ihr drang, sie roch frisch und feucht. Sie streichelte jeden ihrer Atemzüge mit der Weichheit ihres jungen Strömens; es erinnerte sie an das Empfinden, was sie hatte, als er sie in seinen Armen liebkoste.
Oh, sie hatte sich so wundervoll jung, so weich und fließend gefühlt. Es war so eine großartige Kraft in ihr aufgebrochen, von der sie gar nichts mehr gewusst hatte:
Sie war eine Frau. Mit jeder Zelle ihres ganzen Seins war sie es. Stark und weiblich. Leidenschaftlich und voller berauschender Zartheit, wild und ungestüm wie die Erde, die sich in manchen Gegenden auftut, so brach eine ungeahnte, längst vergessene Sinnlichkeit in ihr auf, und ein wenig hatte es ihr Angst gemacht, dass **er** derartiges in ihr zum Leben erweckt hatte.
Sie fühlte sich - mit aller Kraft und majestätischen Schönheit - so zart und zerbrechlich, seitdem sich das Leben wieder in ihrem Blut breitgemacht hatte.
Sie hatte im tiefsten Winterschlaf gelegen und wusste es nicht einmal. Nun war sie mit solch einer Wucht wieder zum Leben erwacht, dass es sie fast schmerzte, auf jeden Fall aber er-schrak.

Jetzt stand sie auf, nackt wie sie war, spürte den frischen Luftzug auf ihrem bloßen Körper, und sie fühlte sich einfach wunderbar! Schön fühlte sie sich, und so ertappte sie sich dabei, wie ihre Hand - auf dem Weg ins Badezimmer - zärtlich

über ihre Haut strich. Sie musste lächeln, und wie ein Schulmädchen, das bei etwas Verbotenes erwischt wurde, machte es sie etwas verlegen.
Jetzt streiften ihre Augen ihr Spiegelbild, und sie machte etwas, was sie seit Jahren nicht mehr getan hatte:
Sie lächelte ihr Spiegelbild mit einem wundervollen Strahlen an, und: Sie war bis ins tiefste Mark hinein glücklich.
„Wie wunderschön Du bist!", fühlte sie mit all ihrem Empfinden, und plötzlich bedauerte sie aus ihrem tiefsten Herzen, dass sie so unsagbar achtlos sich selbst gegenüber gewesen war.

Wie hatte sie - und das über Jahre hinweg - so lieblos sein können? So überaus abgestumpft und leer. In ihrem Leben hatte sie wie eine Maschine funktioniert und sich auch nur noch in diesem Sinne - routiniert - betrachtet.

Es gab weder Raum für Eigenzärtlichkeit, noch für stille Betrachtung, aber diese Gedanken huschten nur wie kleine dunkle Wolken, die sich am strahlenden Himmel gebildet hatten, an ihrer berauschten Stimmung vorbei, sie hatten - wie die Wolken, eh keine Chance, den strahlenden Sonnentag zu vertreiben, der bereits in jedem Teilchen der Luft lag.

Jetzt öffnete sie auch das Badezimmerfenster, verlor sich einen stillen Augenblick in den Meisen, die da vor ihrem Fenster auf und abflogen, mit einer ungeheuren Emsigkeit in all ihrem Gebaren den Frühling verkörperten, und sie zog ganz tief und still die süße und noch feuchte Luft ein, die sich mit ihrem Glücksgefühl verband und als weiche und strudelnde Einheit in ihre Lungen, ihren ganzen Körper drang.
Sie schloss die Augen und empfand mit ihrer ganzen Körperlichkeit wie einfach das Wesentliche des Lebens doch im

Grunde sei: „Das kostbarste Geheimnis, es liegt in einem einzigen Atemzug", so dachte sie beglückt, als sie nun unter der Dusche stand und das warme Wasser an ihrem Körper hinunterrieselte.

Und auch dieses einfache Ritual des Duschens schien sich an diesem Frühlingsmorgen in ein wundervolles sinnliches Vergnügen verwandelt zu haben; es streichelte jede Pore ihres Körpers mit einem warmen und weichen An - ihr - Hinab - Perlen.

Es war mehr ein Streicheln, als ein Waschen, als sie nun die Seife auf ihrem Körper verteilte. Wundervoll weich fühlte sich ihr Körper an. Als sie die Rundungen ihres Pos unter sich spürte, da waren *seine* Hände plötzlich mit solch einer intensiven Gegenwärtigkeit wieder präsent, dass es ihr für einen kurzen Moment die Luft nahm, und so musste sie einen kräftigen Atemzug nehmen, um das heftige Begehren ein wenig zu dämmen, was sich als eine sprudelnde Welle, die elektrisch geladen schien, in ihrer ganzen Weiblichkeit verteilte.

Wieder sah sie seine Hände vor sich. Oh, wie liebte sie diese Hände, die so kraftvoll und vernarbt waren und doch so voller sinnlicher Zartheit.

Es waren sprechende Hände, und nie zuvor sonst hatte sie an einem Menschen je solch ausdrucksstarke Hände erlebt. Jede ihrer Berührungen war ein tiefstes Kommunizieren mit ihrer Weiblichkeit, es war so beseelt, dass ihr der Gedanke daran wieder kleine wohlige Schauer über ihre Schultern rieseln ließ- und wie um ihrem innersten Empfinden Ausdruck zu verleihen, stand sie da, an diesem Frühlingsmorgen, das Wasser perlte an ihrem Körper herunter, und sie schloss die Augen und umarmte sich mit einer tiefen seufzenden Inbrunst.

Wie zu einem Gebet stand sie da: Still und selbstvergessen in dieser tiefen Umarmung; für diesen kostbaren Augenblick war sie verbunden mit ihrer innersten Natur.
Sie liebte sich mit jeder Zelle, fühlte sich auf's Tiefste geborgen, gehalten und getragen von diesem einen Augenblick.

Das Wasser, was plötzlich eine andere Temperatur angenommen hatte und allmählich kalt wurde, weckte sie aus ihrer tiefen Versunkenheit, die jene wundersame Einheit mit sich selbst zustande gebracht hatte. Nie zuvor hatte sie solch ein Empfinden in dieser kraftvollen Weise empfunden, und jetzt lächelte sie immer noch verträumt und dankbar über all dieses Erfahrene, was sich für immer tief in ihren Gedächtnisspeicher einbrennen würde.

„Niemand kann mir solch kostbare Erfahrung je wieder fortnehmen", dachte sie gerade, während sie - immer noch mit all ihrer sinnlichen Aufmerksamkeit, langsam und zärtlich ihren Körper abtrocknete. „Du könntest es wieder vergessen!", streifte sie ein Hauch von Gedanken, doch er fand keinen Halt an diesem Morgen in ihr, und so suchte er leise und lautlos das Weite durch das geöffnete Fenster, während sie sich nun sorgfältig anzog.

Sie wählte ein türkisfarbenes Oberteil, was fließend und leicht ihren Körper umspielte. Als sie die Silhouette ihrer Brüste im Spiegel sah, strich sie mit einer ungekannten Zartheit über ihre Rundungen. Warm, weich und wunderschön fühlten sich ihre Brüste an. Das zweite Mal an diesem Morgen fühlte sie dieses intensive Gefühl der zärtlichen Reue: Wie konnte sie all die Zeit über so mechanisch und sachlich mit sich selbst umgegangen sein?! Sie hatte ihre Brüste immer, na ja, okay gefunden, war nicht sonderlich unzufrieden. Sie waren nicht besonders groß, ja und sie trugen schon Spuren der Zeit, doch das störte sie nicht. Hm.... manchmal, da hatte sie sich schon gewünscht, nur wenigstens für einen Tag einmal riesengroße Brüste zu haben! Das Gewicht von gewaltigen Brüsten zu spüren! Und dann stellte sie sich vor, wie ein Mann sie leidenschaftlich liebkoste und sein Gesicht von diesen schweren und festen, wundervollen Brüsten begraben wurde. Diese Vorstellung hatte sie dann erregt, es war ein wenig so, als hätten die schweren Brüste sie zu einer imaginären Göttin erhoben; eine Göttin, wie sie man sie auf den Abbildungen der Urvölker fand, denn sie besaßen auch immer riesige Brüste.

Jetzt sah sie erneut zu ihnen, und eine Welle der Zärtlichkeit überrollte sie. Warm und fließend war diese Energie der sinnlichen *Berührung*, die sie jetzt streifte, und rollte mit ihrer Unmittelbarkeit direkt in ihren Bauch, um weiter in ihrem Schoß zu versinken.
Wie aus dem Nichts waren da wieder **seine** Hände, die ja ihren Brüsten erst von ihrer Schönheit und erregenden Sinnlichkeit erzählt hatten.

Und da tauchte **sein** intensiver Geruch mit einer solch massiven Plötzlichkeit auf, dass sie verstohlen und irritiert aus dem Badezimmer spähte, um zu schauen, ob er vielleicht unbemerkt gekommen wäre... Nein, sie schmunzelte und ließ sich mit einem wohligen Kichern von diesem Geruch einhüllen. „Hmmm... es tut so gut, das Leben ist einfach wundervoll!"

Mit diesen Gedanken zog sie sich den eng anliegenden Rock an, und als ihre Hände den Verschluss suchten, streifte sie ihren Unterbauch, und wieder geriet sie in den Bann **seiner** Hände. Sie hatte nicht gewusst, dass Hände solch ein neckendes Spiel mit ihren Sinnen betreiben konnten. Ganz dicht spürte sie seinen Atem an ihrem Ohr, eingehüllt von dem würzigen Duft seiner Haut, und als sie sich küssten, da wusste sie nicht mehr die Grenzen auszumachen zwischen sich selbst und ihm. Nur noch der stoßende Atem war existent, das rhythmische Begehren ihrer Körper, und ein einziger Gedanke hatte sich in ihren Sinnen zu einem unerhörten Crescendo breitgemacht: EINSSEIN.

Alle Körpersäfte flossen diesem Begehren, diesem einzig wichtig erscheinenden Ziel entgegen, von dem sie meinte, in jedem Moment aufgesogen zu werden oder sich in ein Nichts aus purer Energie der Lust zu verwandeln.
Sie suchte seine Augen, und sah, dass er sie geschlossen hielt. Sein Atem stieß jetzt heisere rhythmische und keuchende Laute aus, sein Körper bog sich zurück, und sie konnte die Sehnen seiner Oberarme sehen. Wunderschön waren diese Arme, und eine erneute Welle erfasste sie, und jetzt mischte sich eine große und starke Zärtlichkeit in ihr Begehren mit hinein.

Er hatte sich ganz vom äußeren Sehen gelöst, und war vollkommen dem Strudel seines Fühlens hingegeben, was ihn schön und kraftvoll erscheinen ließ. So, als hätte er ihre zärtlichen Blicke gespürt, öffneten sich auch jetzt seine Augen, und für einen unvergesslichen und zauberhaften Augenblick versanken sie jetzt vollkommen ineinander, schenkten sich ganz und gar dem Fluss dieses Augenblickes.

Es war, als würde all ihr Verlangen, ihre tiefste Sehnsucht und ihr totales Begehren in dieser Versenkung auf's Höchste aufgehoben, ja, als wäre etwas in ihr nach Hause gekommen, und es fühlte sich so rund und wundervoll an, so unverzichtbar wohlig! Wieder sah sie ihn an, und jetzt rollte sich ein Gedanke lauthals und fordernd durch ihre Organe, dass sie diesen Mann niemals wieder hergeben wollte:

„Ich lasse ihn nie wieder los!", stöhnte dieses Begehren ihrer Sinne, und mit einer neu entfachten Wildheit suchte sie seine Lippen und drängte ihren Schoß mit einer nicht erwarteten Wildheit an seine Lenden, die ihrerseits auf ihre Gedanken antworteten. Fest und kraftvoll spürte sie seine Männlichkeit wachsen, und wieder öffnete sich der Strom des EINSSEINS mit all seiner bedingungslosen Lust, sich nur noch hingeben zu wollen.

Das Klingeln des Telefons riss sie mit solch einer Vehemenz aus ihrem Erleben, dass sie einen langen Moment brauchte, um sich zu orientieren.
Wie um sich ein wenig in ihre eben noch existierende Wirklichkeit eines intensiven Erlebens zurück zu holen, aus der sie mit solch Brutalität herausgerissen wurde, strich sie sich - während des Telefonates - immer wieder über ihren Körper. Sanft und rhythmisch umkreisten ihre Hände ihren Leib; es war einer Melodie gleich, die mit ihren fließenden Wellen immer wieder zum Refrain zurückkehrte; sie strich sich über die Brust, wobei ihre Fingerspitzen dabei leicht - wie ein Hauch - ihre Brustwarzen streiften, um wieder zum Bauch zu wandern, mit leichtem Druck ihren Unterleib umkreisen, um hinab in ihren Schoß zu gleiten.

Sie fühlte das Pochen ihres Leibes, und sie strömte immer noch in diesem großen rhythmischen Fluss, dessen Puls sich in all ihren Körperzellen breitgemacht hatte. Sie spürte wie feucht ihre weibliche Quelle war; feucht und geöffnet war sie, wie eine Blüte, die sich dem Lebensquell mit jeder Faser ihres Seins in einer ekstatischen Hingabe darbot, bereit, ihre innerste Essenz verschwenderisch ins Leben zu verströmen.
Jede Zelle ihrer ganzen Weiblichkeit floss mit der Energie einer einzigen Sehnsucht mit; lustschmausend und stöhnend hauchte sie nur ein einziges Wort, all ihre Sinne ergossen sich

in diesem rhythmischen Klang, und ihr Atem wurde tiefer und zog sie mit sich fort in seinem Sog.

Sie hörte ihre Stimme lapidar- mechanische Antworten geben, während ihr Atem tiefer und keuchender wurde. Jede Nervenzelle war bis auf's Höchste auf Empfang geschaltet, und so, als wollte sie ihrer Erregung Herrin werden, verließen ihre Fingerspitzen jetzt ihren feuchten Schoß, berührten mit festem Druck ihre Oberschenkel, strichen bogenförmig nach oben, um von dort das rhythmische Spiel auf ihrer Brust von neuem zu beginnen.

„Hörst Du mir überhaupt zu???",
dröhnte es unangenehm klirrend aus dem Hörer, und ihr Rhythmus war für ein paar Sekunden ins Stocken geraten.

Ein Keuchen, ein stockender Atemzug, der in ein Husten mündete, und ihre Hände schraken auseinander, so wie Vögel auseinanderstieben, wenn sie bei einem köstlichen Schmaus unerwartet gestört werden, so waren auch ihre Hände für diesen Moment von solch unbewusster Panik ergriffen, dass sie ganz verloren und orientierungslos in der Luft herumwirbelten.

Ein tiefer Atemzug half ihr, sich neu zu ordnen:
„Natürlich, ja, dann bis nächste Woche, wir sehen uns...",
fremd hörte sich ihre eigene Stimme an, so als drang sie hallend von unbekannten Weiten zu ihr her.
Erleichtert darüber, dass es ihr gelungen war, das ‚Gespräch' zu beenden, überließ sie sich noch für eine kleine kostbare Ewigkeit der Süße ihrer schmachtenden Erregung.

Jetzt ließ sie sich auf den Boden gleiten, schob mit der einen Hand ihren enganliegenden Rock hoch, spürte ihre warmen, weichen Schenkel unter ihren Händen, um mit der anderen ihre aufgerichteten und harten Brustwarzen zu umkreisen; auch sie hatten sich wie kleine pralle und fruchtbare Knospen geöffnet, und sie genossen das prickelnde Champagnerbad am Frühlingsmorgen, der jetzt mit einem sanften Windzug durch's offene Fenster drang, so als wollte er sich zu ihnen gesellen, ein sie umschmeichelnder Hauch, der das Lied des Einsseins in seinem Atem trug, um sich gemeinsam mit ihnen mit dem Rhythmus der Lust zu vereinen. Der Frühlingswind, er spielte seine Melodie im selben Takt des Einsseins; einem Erwachen gleich umtanzte er sie an diesem Morgen; Innen und Außen verschmolzen in seinem zärtlichen Atem zu einer berauschenden, alles durchdringenden Einheit.

Ihr keuchender und fließender Atem und der seinige, sie waren zu einem zyklischen Tanz verschmolzen, und keiner von beidem vermochte mehr zu sagen, wo das Ende oder der Anfang war.

Eine starke und kraftvolle Melodie ohne Zeit, sang ihr Lied zum rhythmischen Spiel des Lebens.

Fließen... Atmen... a u s d e h n e n, ... w e i t - w e r d e n

...sich v e r s t r ö m e n,

um erneut zur Welle zu werden, die mit geballter Energie zur Ausdehnung ansetzt, um ihre Gischt zu versprühen...

Keuchen, strömende Lust, die auf ihrer Welle der Erregung tanzen lässt. Atmen...

Es war nicht das Klingeln eines Telefons, das sie aus ihrer Welt riss. Zuerst schien es nur ein leiser, doch intensiver

Hintergrundton zu sein, während sie ihr ekstatisches Frühlingsspiel genoss, doch der Ton wurde lauter und eindringlicher, so dass ihr anfängliches Geschick, ihn einfach als einen Teil *ihrer* Melodie einzuflechten nicht mehr gelingen wollte, zu sehr hob er sich nun von den Frühlingstönen ihrer Welt ab:

„Was ist das nur für ein eindringlicher Geruch?", fragte nun auch ihr Verstand, den sie nicht mehr ruhig zu stellen vermochte... Moder, Holz, Verwesung... jetzt waren alle ihre Sinne mit einem Schlag erwacht, mit jeder Zelle am Riechen beteiligt, und mit einem lauten und krachenden Atemzug, sog sie die Luft ein: Herbst. Mit jeder Faser war es deutlich und nicht mehr wegzuwischen. Es war Herbst.

Blinzelnd und bis auf's Tiefste von einer Ungläubigkeit erfasst, die alle Sinne ihres Seins betrafen, schaute sie sich um: Goldgelbe Blätter erfüllten den Raum um sie herum mit einem warmen Leuchten, und in der Ferne wurden die Nebelschwaden, die dunstig über den Feldern lagen, von der Herbstsonne vertrieben, die alles um sich herum in ein gütiges und gnädig- geborgenes Licht hüllte:

Es war Herbst, spürten nun auch ihre Lungen mit jedem Atemzug, mit der sie die feuchte Moderluft in sich aufnahmen.

Immer noch bis auf's Höchste irritiert, nahm sie das Außen wahr:

Herbst. - Es gab keinen Zweifel, und nun zog sie ihren Mantelkragen ein wenig höher, so als wollte sie sich vor dieser Wahrheit schützen und gnädig einhüllen, ja, als könnte sie durch diese einfache Geste die Wirklichkeit ein wenig trügen und jene Kraft aufhalten, die sie so gnadenlos in einen anderen Raum geworfen hatte. Schicht um Schicht musste jede

zeitlosen Hauch in den unendlichen Ozean des Universums aufgegangen, um sich ganz zu verströmen...
Und wenn es nur dieser Hauch eines Augenblickes war, -

hat es sich dann nicht gelohnt,

am *Duft des Werdens* teilzuhaben?

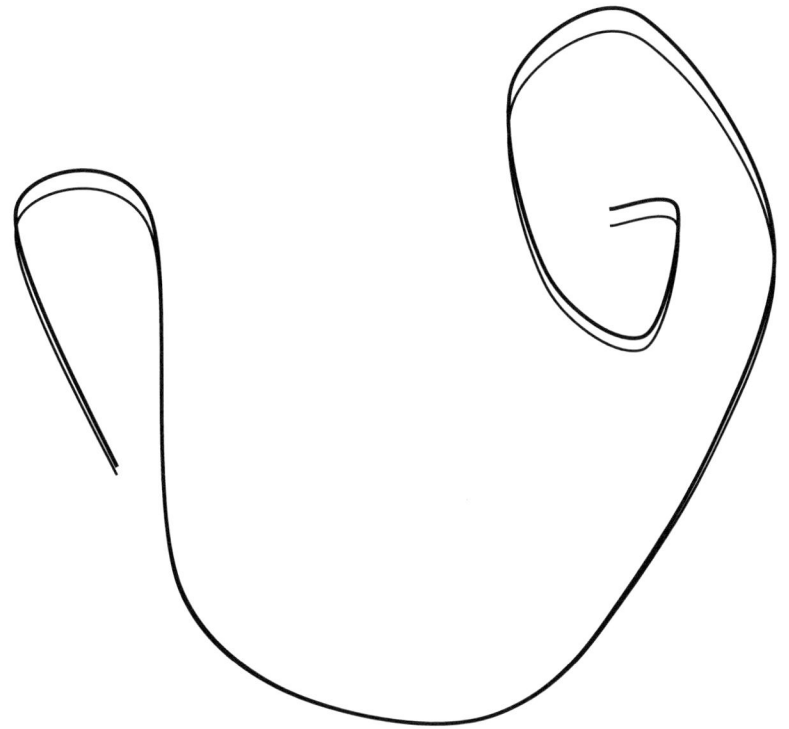

Sommerregen

Sommerregen

Es waren einmal drei Wünsche.

Der eine, er war groß und dick, gesetzt und erfahren. Der zweite Wunsch, er war lang und dünn, ja, er war so dünn wie eine Bohnenstange, so dass er weit in den Himmel hineinragte. Es war ein kluger Wunsch, und seine Klugheit musste er wohl vom Himmel persönlich haben, da er so oft mit ihm in unmittelbaren Kontakt stand. Nicht wie der erste Wunsch, dessen Größe sich einzig und allein auf das Alter bezog, denn ansonsten war seine Gestalt sehr gedrungen und dem Boden nahe. So war der erste Wunsch ruhig und besonnen; die Ruhe hatte er wohl von der alten Erde selbst erhalten. Wie oft hörte man das gewichtige Plumpsen seines erfahrenen Körpers, wenn er sich mit einem wohlig-gluckernden Seufzen gemächlich zur Ruhe setzte: „Uah!", machte es und selbst die alte und feste Erde erbebte unter seinem dicken Wunschgewicht.

Die Bohnenstange aber, sie war wie die Wolken: „Hui!" machte es und: „Hoh!" und wieder: „Hui!" Man konnte gar nicht so schnell gucken, so geschwind waren seine Bewegungen.

Es geschah oft, dass der dicke Wunsch arge Schwierigkeiten bekam, wenn er mit dem dünnen Wunsch sprach. Denn immer, wenn er ihm gerade eine Antwort auf die vielen Fragen geben wollte, - das war wahrlich kein leichtes Unterfangen für den dicken und bequemen Wunsch, denn er stellte sich nicht gerne Fragen -, dann war der Dünne schon wieder ganz woanders mit seinen Gedanken, so als hätte er sich all die Fragen lange schon selber beantwortet.
So geschah es, dass beide Wünsche oft sehr aneinander vorbeiredeten.

Der dritte Wunsch, es war ein sehr zarter und junger Wunsch. Er hatte weder die Erfahrung des dicken Wunsches, noch besaß er die Klugheit des Himmlischen.
Er war ja auch noch nicht lange auf der Erde, und so hatte er oft so viele Mühen, die Wünsche überhaupt zu verstehen, wenn sie so gewichtig miteinander sprachen.
Es war an einem heiteren Sommertag, als sich folgendes zutrug:

Der dicke Wunsch hatte sich gerade mit einem lauten Krachen in seine Hängematte plumpsen lassen, denn er wollte seiner Lieblingsbeschäftigung nachgehen: Er wollte in aller Ruhe ein kleines Mittagsstündchen machen; gurgelnd vor Lust, und mit einem lauten „Uah" hatte er bereits alle Viere von sich gestreckt, als plötzlich ein unruhiger Wind in die sommerliche Idylle hineinplatzte, so dass sich der dicke und erfahrene Wunsch sehr in seiner Ruhe gestört fühlte. Mürrisch blinzelte er aus seinen dicken, müden Augen heraus, und jetzt wunderte ihn gar nichts mehr. Einem Wiesel gleich sprang der Lange durch den Garten, ging mit seinen langen Beinen mal hierhin, mal dorthin, und während er mit der Ernsthaftigkeit durch den Garten schritt, die nur wahrhaft

Körperzelle inkarniert und zurück katapultiert werden in eine Wirklichkeit, gegen die sich jeder Teil ihrer Existenz mit all seinem Fühlen zur Wehr setzte.

Immer noch blinzelnd, sah sie über die Felder, die goldene Sonne ergoss sich über das weichende Grün und ließ es in einem kraftvollen Goldgelb erscheinen. Ihr Blick suchte das Weite, als suchte sie sich selbst: In der Ferne standen drei Rehe, die friedlich ihr Frühstück zu sich nahmen.

Einen Moment blieb sie stehen, und klammerte sich an dieses Bild, so, als würde es ihr ein wenig helfen, sich wieder zu finden.

Jetzt nahm sie einen tiefen Atemzug, strich sich über die Haare und verschmolz mit dem Augenblick der Betrachtung und dieser einfachen streichelnden Geste ihres Selbst. Immer wieder fanden sich ihre Hände zu dieser Berührung ein, und mit wiegenden Hüften stand sie jetzt da, sich selber umarmend, und so, als wollte ihr Körper zu der Melodie eines unsichtbaren Einklanges tanzen, verlor sie sich ganz im Wiegenlied dieses Augenblickes, der die Essenz eines zauberhaften JETZT in sich trug.

Für einen Moment, der sich aller Zeit entledigt zu haben schien, nackt und entblößt vom Gefängnis seines Raumes, in den er normalerweise gezwängt wird, ja für diesen Moment war es, als öffnete sich eine unsichtbare Tür.

Ja, es schien, als wäre sie durch ein Tor, das den äußeren Augen verborgen blieb, geschritten; ein Tor, was beide Zeiten auf wundersame Weise mit einem unsichtbaren, doch kraftvollen Band vereinte.

Und wie sie so dastand in ihrer losgelösten Versenkung, verträumt dem grasenden Bild der Rehe hingegeben, da gesellte sich der Frühling mit all seiner wunderbar kraftvollen Magie wieder zu ihr und ließ sie mit jeder Zelle am jungen und strömenden Leben teilhaben.

Lustvoll sprudelnd strömte die neue Luft nun in ihre Lungen, erfüllte selbst die Räume zwischen den kleinsten Körperteilchen, bis auch das letzte Element ihres Seins von diesem Äther erfüllt war und Besitz von ihm genommen hatte.
Es war eine zeitlose, freie und überschäumende Luft, die wie Champagner in den letzten Winkel ihrer Lunge, ihrer ganzen Weiblichkeit perlte. Frei war sie, denn sie hatte sich all ihrer Ketten der Zeit entledigt.

Der herbe und satte Geruch des Herbstes vermischte sich mit dem süß- lockenden Frühlingsduft, und so kam es an diesem Morgen, dass beide Zeiten zu diesem zauberhaften Wiegenlied miteinander tanzten:
Ein innigster kosmischer Liebestanz: Eng umschlungen und sich wonnig liebkosend, war das Paar vom Duft des Werdens erwacht und hatte sich mit ihm vermählt.

Und vielleicht - liebe Leser - ist es ja auch Ihnen ein wenig gelungen, mit dem rhythmischen Tanz der Zeitlosigkeit mit zu schwingen.

Vielleicht wurden ja auch Sie von einer unsichtbaren, doch kraftvollen Welle getragen.

Mag sein, dass es nur ein winziger Augenblick war, in dem sie sich ganz diesem Etwas hingaben, selbstvergessen und frei, aller Vernunft zum Trotze, stark und machtvoll in diesem einen Strömen inkarniert, so, als wären Sie für diesen

Klugen vorbehalten ist, schien er ständig etwas vor sich herzumurmeln:

„Sinn des Sommers, Sinn des Herbstes, Sinn des Winters, der Frühling...", mehr konnte der Dicke beim besten Willen nicht verstehen, vielleicht wollte er auch gar nicht alles verstehen, aber ein wenig war er nun doch - trotz Müdigkeit - neugierig geworden. Mag sein, es war nur das erste Bedürfnis nach Ruhe, was den Dicken schließlich dazu trieb, dem Schwerbeschäftigten die Frage nach dem Sinn seines ständigen Gemurmel zu stellen. Oh, ja, er sehnte sich sehr nach Ruhe, nach Dösen, und er liebte es, wenn die Sonne seinen dicken Leib kitzelte, solange, bis er dem eigenen schweren Atem lauschte, bis ihm dieser irgendwann entglitt und er ins süß- schwere Land der Träume sank.
„Nun gut...", dachte er - immer noch nicht ohne Murren bei sich -, der „Plagegeist an Wunsch, er wird sich schon wieder beruhigen, dann muss sich mein Schlummer eben noch ein klein wenig gedulden."

„Verehrter Wunsch, Ihr schneit hier in die idyllische Ruhe ein, als wäret Ihr ein Wirbelsturm! Ihr springt von einer Ecke zur nächsten, murmelt groteske Phrasen vor Euch hin, die niemand wohl - außer Euch selbst - zu verstehen fähig ist. So sagt mir doch den Sinn Eures Unterfangens, damit ich solches Tun verstehen kann, mein Bester, ich bitte Euch, helft mir dabei, Euer wundersames Gebären zu entschlüsseln. Ich will Euch mein Gehör schenken, bevor ich dann in meine süßen Traumstätten wandere, die sicher schon auf mich warten."
So sprach der Wunsch, und er konnte sich nach der ungewohnten Anstrengung seiner Worte ein Gähnen nicht verkneifen.

„Papperlapapp!", zischte der Himmlische, „nichts, gar nichts wollt Ihr wissen! Eure Zunge spricht, aber das Herz, es schweigt! So sagt mir," ereiferte sich der lange Wunsch, „hat Euer Herz das Sprechen verlernt? Sicherlich ist es schon lange eingeschlafen, sonst wüsste ich nicht, warum Ihr nichts anderes zu genießen fähig seid, als den Schlaf. Und - wie könnt Ihr süß und träge ruhen, während das Leben an Euch vorbeirauscht?! Ich sage Euch: Jeder Halm, der sich vor Euren Augen in den Winden biegt, jede Mücke, die vor Euch im Sonnenlicht tanzt, das winzigste Teilchen in den unendlichen Lüften; all dieses Wunderwerk, es hat Euch wohl etwas zu sagen!"

Für einen winzigen Augenblick war die Schläfrigkeit aus des Dicken Antlitz verschwunden; ein Staunen machte sich auf seinem Gesicht breit, was den dicken Wunsch schön und jung erscheinen ließ.

„Seht den Himmel", sprach der Himmlische weiter, „mit seinen unzähligen Wolken, die sich von einem Augenblick zum anderen zu verwandeln vermögen. Ihre himmlische Essenz hat so viele Formen, wie die Geister der Lüfte Gedanken haben. Versteht doch, lieber Wunsch, dass auch Ihr aus der Luft gemacht."
Nach diesen Worten überzog sich das Staunen des dicken Wunsches wieder mit der gewohnten Müdigkeit, und er ließ sich ein wenig tiefer in die Hängematte sinken. Weil er aber seinen Freund nicht zu beleidigen wagte, unterließ er höflich sein "Uah", doch ließ sich das Herz des Himmlischen nicht trügen, denn er merkte wohl die Langeweile, die er durch seine Worte ausgelöst hatte: „Wie kommt es", wiederholte der Lange, „dass Ihr so ruhig daliegen könnt, während das Leben darauf wartet, entschlüsselt zu werden; die scheinbar unbedeutendste Blume stellt eine Frage an uns, - und es sind der

Fragen sehr viele, und jeder Halm, der da im Wind rauscht, er vermag uns eine Geschichte zu erzählen. Seine Geschichte. Wir müssen doch nur unsere Ohren aufsperren, um all die vielen Geschichten zu hören, die uns das Leben aus sich selbst heraus gibt." Sprach er mit einem himmlisch- entrückten Ausdruck im Gesicht, und für einen Moment schien es, als wäre er wirklich der Erde entrückt.

„Guter Freund", räusperte sich der Erfahrene und wollte seiner Stimme eine noch größere Gewichtigkeit geben - doch blieben die Worte des Freundes nicht ohne Spuren, denn der eigentümliche Glanz und das Staunen waren wieder zu sehen, „guter Freund, man hat geradezu den Eindruck, als wäret Ihr mit Euren gefiederten Freunden, die da hoch in die Lüfte aufsteigen, auf und davongeflogen. Euer Antlitz - verzeiht, wenn es für meine Verhältnisse etwas gestelzt klingt, mir fehlen doch die rechten Worte -, es leuchtet in einem Schein, als wäre er nicht von dieser Welt und doch der Sonne gleich, von goldenem Glanze, und dennoch sehe ich stets hinter diesem Glanz, der Eurem entrückten Antlitz entspringt, eine tiefe Spur von Trauer.

Worüber trauert Ihr, mein Bester, wenn es doch gilt, das Leben in vollen Zügen zu genießen, mit all seiner Pracht, die es für uns Sterbliche bereithält. Ihr selbst ward es, der von Wundern sprach. Seht mich an, ich bin nicht so klug, wie Ihr es seid, verstehe auch nicht recht, was Ihr mit all den Fragen meint, von denen Ihr immer wieder sprecht - ganz von der Blume zu schweigen, die unbedeutsam wie sie sei, verschlüsselte Fragen an uns stelle - , aber ich liege hier, alle Viere von mir gestreckt, unter mir die gute, alte Erde, die mich wie eine gute Mutter aufnimmt, und ich ergötze mich an dem, was mir all das Wunderbare dieses herrlichen Sommertages zu bieten hat. Was muss ich da fragen, verehrter Freund?!

Lenkt eine Frage nicht von dem ab, was jetzt ist?
Nein, nein, vor lauter Fragerei nach dem Sinn oder Unsinn einer Sache, da wüsste man zu guter letzt nicht mehr ein noch aus, und womöglich vermasselte man sich gar so einen Tag wie der heutige einer ist."

Nach diesen letzten Worten schnaufte der Dicke - ein wenig unwirsch geworden -, so, als wollte er damit das Gespräch beenden. Worauf hatte er sich da auch nur eingelassen?!
Ein eigentümlicher Glanz war nun auf des Himmlischen Gesichtes getreten;
es war kein Glanz, so hell wie die Sonne, nein, es war die Schönheit eines tiefen Leides; das Leid eines Suchenden, der trotz langer Suche nicht ans Ziel gekommen war.

Ein Reisender, der seine Route vergaß, und auf dessen Gesicht sich der Schmerz des Fernwehs tief eingebrannt hatte; ein wundersamer und zerbrechlicher Schmerz war es, so schön wie die Nacht mit ihren unzählbaren Sternen, so wunderschön war jetzt das Gesicht des langen und klugen Wunsches, und seine Augen leuchteten dabei wie zwei traurige Sterne - wenn es solche gäbe, dann müssten sie so aussehen -, als er mit trauriger Stimme zum Erfahrenen sprach:

„Vielleicht habt Ihr Recht, mein Freund, so oft bin ich des Denkens müde. Ich möchte einfach nur meine Augen schließen, um nimmer mehr aufzuwachen, doch ich finde keine Ruhe, weil es mich zum Weiterziehen treibt. Mag sein, dass ich kein so ruhiges Herz besitze, wie Ihr eines habt.
Meines gleicht den Winden, die über die Berge und Seen streifen, und Euer Herz, es gleicht dem Berg oder der Erde, über die ich hinwegstürme. Ich wollte, ich könnte auch nur einen Tag mit Euch tauschen - durch's Leben bummeln wie

Ihr es tut; alle Viere von mir gestreckt lauschte ich dem Singsang der Vöglein, während ich dabei in süße Träume fiele.

Doch mein Herz, verehrter Freund, ist nicht aus Eurem Stoff gemacht; es dürstet meiner Seele so sehr nach dem Wohin, was mir entfallen, doch ich weiß, dass ich gehen muss, um den Gral des Unbekannten zu finden. Was soll ich tun, meine Sehnsucht ist größer, als jede Müdigkeit?!
Ich m u s s gehen, ich m u s s, und ich werde nicht eher ruhen, bis ich dieses Etwas gefunden habe."

Und die Trauer des langen Wunsches, sie wurde noch um eine tiefe Spur tiefer, und plötzlich sah man auch die vielen Furchen, welche die lange und beschwerliche Wanderschaft in das Gesicht des Suchenden eingebrannt hatten.

„Armer alter und langer Wunsch!", dachte der Dicke bei sich, und in seinem Mitgefühl vergaß er vollkommen seine eigene Schläfrigkeit.
Ja, auf einmal, da kam er sich sehr selbstgerecht und faul vor, doch das wiederum, das mochte sich der erfahrene Wunsch nicht vor dem anderen eingestehen, und so sagte er:
„Warum, mein lieber Wunsch, warum quält Ihr Euch so sehr? Wem nützt denn Eure Qual, außer, dass sie Euch selber schadet???
Seht doch die Bienen, wie sie fleißig von Blüte zu Blüte schwirren; meint Ihr, sie fragen nach dem Wohin?
Ist die lust'ge Arbeit, die sie tun, ist sie nicht schon Antwort genug?
Schaut - die beiden Falter, die sich so lieblich umflirren, fragen sie nach dem Warum? Und - sieht es nicht gar genussvoll aus, wie sich die dicke Amsel dort den fetten Wurm aus der Erde zieht, so als gäbe es für sie nichts anderes, als nur eben gerade diesen einen Wurm?!

So sprecht, mein Guter, warum zermartert Ihr Euren Kopf darüber, wohin Ihr zu gehen habt?!

Haltet Ihr Euch für so wichtig, dass solcherlei Fragen nach dem Sinn oder Unsinn einer Sache, dass sie die Welt um Euch herum zu verändern fähig sind?

Das Leben, mein Freund, es formt und gestaltet sich weiter, ob Ihr nun fragt oder nicht, oder meint Ihr, dass auch nur eine Eurer Fragen die galaktischen Bahnen in andere Richtungen verweisen?

Nicht der kleinste Wurm wird sich um Eure Fragen oder Nicht- Fragen kümmern, und glaubt mir, dem Leben ist es vollkommen einerlei, ob Ihr Euch seinetwegen den Kopf zerbrecht oder nicht; es stirbt und lebt in jedem Augenblick.

Ich sage Euch:

Fragten sich die Bienen nach dem Warum und Wohin, wir dürften ihren kostbaren Nektar nicht kosten, weil sie in ihren Fragen ihre Arbeit vergäßen."

Nach diesen Worten pflückte sich der dicke Wunsch genussvoll einen Apfel, der zu seiner rechten Seite prall und reif herunterhing, und er musste sich bei seinem Tun ein wenig ungewohnt anstrengen, so dass der sommerliche Garten für eine winzige Ewigkeit von einem einzigen Geräusch erfüllt zu sein schien:

Ein tiefes und melodisches Schnaufen durchströmte den Garten; ein Schnaufen war's, so warm und süß wie ein Sommerregen, der den Garten nach einer langen Zeit der Dürre wieder fruchtbar macht, und so war auch der Sommertag jetzt erfüllt von diesem gewissen Zauber der jungen und frischen Fruchtbarkeit; wie kleine Wassertropfen lag das wonnige Stöhnen in jedem Teilchen der Luft; wie glitzernde Tröpfchen schien es sich auf jedes Blatt gelegt, in jeder zarten Blüte gesammelt zu haben.

Der lange Wunsch, er vergaß für diesen einen Moment seinen so langen und quälenden Schmerz, und er sah recht jung und schön aus, als er den anderen betrachtete:
Genussvoll ließ sich der dicke Wunsch noch tiefer in seine Hängematte sinken, hielt den Apfel dabei wie eine Trophäe in beiden Händen, und - , als wäre sie auch eine solche, wurde er mit solch einer Sorgfalt poliert, dass die Welt für diesen einen Augenblick stehen zu bleiben schien.

„K r a x !", schallte es durch den Sommer, „Krrrrrax!", zitterte jeder Halm.

Eine Spur an Staunen lag noch auf dem Gesicht des Himmlischen, ein Hauch von Entzücken hatte seine Züge wie durch unsichtbare Hand in eine Schönheit verwandelt, die nur der Jugend vorbehalten ist, als der lange Wunsch den dicken anschaute wie er da schmatzend und zufrieden mit der Zunge schnalzend seine Kostbarkeit verzehrte. Wohlig gurrend wischte sich dieser nun seine Hände an den Hosenbeinen ab; große und feste Hände hatte er, die nicht so recht zu der fleischigen Gestalt des übrigen Körpers passen wollten; er musste einst schwere Arbeit verrichtet haben, denn sie waren kraftvoll und vernarbt.

Das Leben selbst war es, welches die Spuren auf diese Hände gepresst hatte; einem irdischen Stempel gleich.
Das dachte der Lange bei sich, während sich die Jugend seiner Züge in ein melancholisches Antlitz verwandelte.

„Armer erfahrener und müder Wunsch!", seufzte er und vergaß dabei das Staunen, was ihn noch eben gerade bis auf's

Tiefste erfasst hatte, aber vielleicht mochte auch er sich das vor seinem Kameraden nicht so recht eingestehen, und deshalb seufzte er nur: „Mein Freund, was hat Euch so zufrieden" und - er mochte nicht *fett* sagen, denn das erlaubte seine Höflichkeit nicht - „träge werden lassen, dass Ihr Euch damit begnügt, Eure Herzenssonne einzig und allein einem Apfel zu schenken, und - einer Amsel gleich - die fettesten Früchte zu erhaschen sucht, die das Leben in seiner Süße für uns bereithält?!

Ist denn Euer Leben nicht mehr, als das einer Amsel?

Ich will nicht sagen, dass wir Wünsche höher stehen, - versteht mich bitte nicht falsch, mein lieber Wunsch, aber ist solches Tun, wie Ihr es in Eurer genussvollen Verzückung beschreibt, nicht zu mager für uns???

Bleibt es nicht den Geschöpfen überlassen, die kriechend über die Erde ziehen, und die selbst im Fluge nichts von der Unendlichkeit wissen, die sie umgibt? Ist unser Leben nicht mehr, als das Trachten nach Vergnügen und Genuss, weil man beides durch lange und harte Arbeit entbehren musste?

Lieber erfahrener Wunsch - wie schwer müsst Ihr in Eurem Wunschdasein gearbeitet haben, um so ein starkes Bedürfnis nach Muße und weltlichem Vergnügen zu haben wie Ihr es habt?!

Was ist Euch geblieben von all Eurem Tun, von allen anstrengenden Mühen, außer Eure zufriedene Schläfrigkeit und - jetzt wurde der Wunsch der Wahrheit wegen doch etwas unhöflich - einem wohlgenährten Wams, der Eure Mitte ziert, und welcher in seiner Unersättlichkeit nach immer mehr Genuss schreit?!"

Und plötzlich sah es so aus, als schimmerte in den Augen des dicken Wunsches eine winzige Träne. Nur, wer mit dem Herzen zu sehen vermag, konnte sie erkennen, denn das Gesicht des Erfahrenen war recht feist, und die Augäpfel waren tief im Fleisch verschwunden, so dass nur zwei kleine Schlitze preisgegeben wurden, die übrigens immer ein wenig von Schweiß und Fett glänzten.

Doch der lange Wunsch, er hatte auf seinem langen Weg der Suche mit dem Herzen zu sehen gelernt, und er wusste, dass die Augen oftmals die größten Täuschungen herbeizuführen vermochten, zeigten sie ja nur den äußeren Schein, während das Herz den inneren Glanz erblickte.

Und so kam es - in unserem Märchen -, an diesem Sommertag, dass der lange Wunsch den dicken lange ansah; der Wind wehte leise und sehr behutsam, ja, man konnte die Blätter der Bäume sehen, wie sie zart im Wind tanzten, und es schien, als hätten sie jedes Wort verstanden, so lieblich raschelten sie, so als wollten sie die beiden Freunde durch ihre Melodie begleiten, um ihnen Trost und Verständnis zu bezeugen.

Wenn die Zunge zum Schweigen kommt, der Geist ruht, dann beginnt das Herz zu sprechen. Es ist das Herz des EINEN Herzens; das Herz der Amsel, der Blätter, des Windes, der Regentropfen und das Herz der Steine.

Als sich die beiden Freunde so ansahen, da war es einer jener heiligen Augenblicke des Lebens, die nur den Liebenden, den wahrhaft Liebenden offenbart werden. Alle Worte fielen fort in diesem einen Moment, der sich in seiner ganzen Untrüglichkeit so rein und zart wie die schillerndste Blüte in den Herzen des e i n e n Herzens öffnete, und man konnte nicht sagen, wie viel Zeit dabei verging, oder ob sie nicht gar für diesen heiligen Augenblick stehen geblieben war; einem Augenblick, einer Ewigkeit gleich, die in ihrer gnadenlosen

Wahrheit die Masken zerschlug, mit denen sich Worte so gerne tarnen.
Schonungslos war sie, die Wahrheit des EINEN Herzens und doch angefüllt mit dem, was sie war, mit L I E B E.

Nichts brauchte mehr gesagt zu werden, und jedes Wort, es hätte jene Kostbarkeit der Zeit, die ja so jung und zart, so offen und zerbrechlich war, in ihrer Würde verletzt, das ahnten unsere beiden Wünsche, der lange, himmlische und der dicke und erfahrene, und so gaben sie sich ganz diesem Schweigen hin, was der Himmel ihnen zum Geschenk gemacht hatte.
Es war das Schweigen des Einen Schweigens, die Stille der Einen Stille; das Schweigen der Amsel, der Blätter, des Windes, der Regentropfen und das Schweigen der Steine.

In manchen Momenten spüren wir, dass das Leben uns ein Geschenk bereithält; einer Raupe gleich ist es verpuppt in seinem Kokon, und nur das Leben selbst, nur seine innerste Natur, die unsichtbar und doch vorhanden, vermag das Geheimnis zu lüften, um den schillernden Falter zu enthüllen, der unseren Augen bisher verborgen blieb.

Ein solches Geschenk lag in der Luft:
Der Himmel knisterte und flirrte, die Amsel brach mit einer ahnungsvollen Schnattrigkeit die Stille, und ein geheimnisvoller Wind hauchte über das Schweigen, über unsere Wünsche hinweg, die noch immer vom Zauber gebannt - regungslos dasaßen, als würde jede ihrer Bewegungen ein unausgesprochener Verstoß gegen das Unaussprechliche sein, so als wagten sie nicht, durch Wort oder Geste, dem Unausweichlichen auszuweichen.

In diesem Augenblick, wo die Teilchen der Luft knisterten und knackten, so als wollten sie jede Sekunde wie die reifen Schalen der Kastanien zerplatzen, da trat unser kleiner Wunsch - mit wackeligen Schritten - zu den beiden Freunden heran.
Er hatte - unter einem Apfelbaum sitzend - das Gespräch der Freunde belauscht, des Klugen und Erfahrenen.

Es waren der Worte zu viele, die er gar nicht verstanden hatte. Er war ja ein junger Wunsch, der nichts wusste von der Welt; er hatte weder die Erfahrung des Dicken, noch besaß er die Klugheit des himmlischen Wunsches.

Er war eben nur ein Kinderwunsch; zart und klein war er, ja, so jung, dass jede seiner Bewegungen aussah wie die eines Füllen, welches mit einer grotesken Ernsthaftigkeit und gleichzeitig mit dem Wesen eines Neugeborenen, verspielt und voller Neugierde, mutig dem Leben entgegentrat, um das Laufen zu lernen.

Ein zarter Wind wehte jetzt an diesem Sommertag, in unserem Märchen, als sich der kleine Wunsch zu seinen Freunden gesellte.
Goldene Lichterpünktchen hatten sich auf das Haupt des Kleinen gesetzt und spielten mit dem weizenfarbenen Haar, was es mal wie gesponnenes Gold, mal wie flüssiges Silber erscheinen ließ.

„Schön ist er!", dachten sie beide, und das stille Lächeln des Unerfahrenen war strahlender, als jede Sonne dieser Welt hätte strahlen können. Das Lächeln des jungen Wunsches ließ seine Augen so smaragdgrün erscheinen, als wären sie ein lichtdurchfluteter See.

„Er ist so reich!", erschauerten sie, und mitten in ihr Erschauern, mitten hinein in ihre Erschütterung, da legte der junge und zarte seine Hände auf die beiden großen Wünsche.
Man konnte die Herzen beben hören; die Herzen des EINEN HERZENS.

Es war die Erschütterung der Amsel, der Blätter, des Windes, der Regentropfen und die Erschütterung der Steine.
Die Liebe selbst war es, die solcher Art von Erschütterungen bewirkte.

Die Liebe, die sich unsichtbar aus dem Kokon gelöst hatte; einem schillernden Schmetterling gleich, flog sie jetzt in die Herzen der Freunde, und sie flog hoch hinauf in die Lüfte, zu den Wolken und zu den Sternen, direkt in das Herz des Himmels hinein, kam wieder auf die Erde, zu den Bäumen und zu den Würmern, ja, sie tränkte mit ihrer Essenz den Boden und die Meere, die Steine und die Berge, um weiter, immer weiterzufliegen.

Das Herz aller Herzen ergoss sich in alle Herzen hinein.
Wie ein gütiger Ring schloss sich das EINE um unsere Freunde; wie eine langersehnte Gnade war es plötzlich da, das Herz des EINEN Herzens, und es verschluckte in seiner majestätischen Einfachheit alle vergangenen Qualen, die unsere Wünsche erlitten hatten. Nicht die kleinste Müdigkeit hatte vor dieser sprudelnden Quelle bestand; einer Quelle, die mit ihrer hoheitlichen Barmherzigkeit jede Lebensmüdigkeit in sich aufnahm, um sie in das zu verwandeln, was sie war: L I E B E.
Eine dicke Träne rollte dem dicken Wunsch aus den kleinen, doch geöffneten Augen. Still saß er da, ja, als wäre er der Erde ein wenig entrückt, hielt er eine zarte Blume in der Hand, deren Blütenblätter er versunken betrachtete.

„Schön ist er!", fühlte der junge Wunsch bei sich, während der Erfahrene immer noch die kleine Blüte durch seine großen Hände wandern ließ.

Und weil nur Kinderaugen noch mit den Augen des Herzens eins sind, konnte der junge Wunsch die winzige und junge Falte auf der Stirn des Erfahrenen lesen: „Wohin?"
„W O H I N ? ?   ?", schien das Echo der Amsel, der Blätter, des Windes und der Regentropfen, die jetzt warm und fruchtbar den Sommer benetzten.
„Wohin?", flüsterten auch die Steine, und nur das Schweigen kannte die Antwort.

Es war das Schweigen der Amsel, der Blätter...

Und plötzlich hörte man ein lautes, ein sehr unbeholfenes „Krrrraax" durch den Sommertag perlen; es war nicht so ein tiefes und melodisches, und doch war es warm wie der laue Sommerregen, der mit seinem zaghaften Kommen alles um sich herum mit einer frischen Fruchtbarkeit erfüllte.

Oder war es wie ein Füllen, das gerade eben das Laufen lernte?
Der lange Wunsch, er hielt seine Kostbarkeit mit beiden Händen fest umschlungen, so als wollte er sie niemals wieder hergeben.

An jenem Sommertag.

In unserem Märchen.

Herbstgedanken

Herbstgedanken

Ich sitze in einem Glascafé am Marktplatz, und wenn ich meinen Blick nach ‚Außen' wende, schaue ich das gleiche Spiel, was ich auch in meinem Herzen vorfinde:
Es ist Herbst geworden:
Mit jeder Zelle meines Seins spüre ich ihn, und - wenn es auch Momente gibt, in denen ich ihn zu vertreiben suche, so will es mir doch nicht so recht gelingen;
Die Kraft der Natur ist mächtiger, wie schlau und listig ich auch vorgehe - die Wiederkehr des Lebens besiegt mich, und mir bleibt nichts anderes übrig, als mich dem zu *ergeben*.
Es mag sich vieles im Herzen gestalten, auf eine neugefundene Art und Weise, die Altes zu besiegen glaubt, ja abzulösen scheint, - und doch scheint da etwas in einem zu wohnen, was aller Veränderung zum Trotze wiederkehrt.

Lang Vergessenes, es taucht wieder auf und lächelt sein ewiges Lächeln. Es hat etwas unverfrorenes, dieses Lächeln des Alten, und man schaut es mit Staunen des Vergessens und erschrickt vor der Einfachheit der Wiederkehr, deren Gewand schon etwas Komisches hat.
Mir ist schon eigenartig zumute - heute...

Das Alte verkleidet sich manchmal - , es scheint, als bestünde die Vielfältigkeit des Lebens aus einem einzigen Gewand, welches man nur zum Schneider brachte, der es auf seine Art und Weise veränderte.

Schaut man genau hin, dann entdeckt man, dass scheinbare Vielfältigkeit aus einem einzigen Stück geboren.

Mich friert etwas bei den Gedanken, die meinem Herzen entschlüpfen, und doch ist da etwas, was mir im selben Augenblick Wärme verspricht.
Wärme, Kälte - beides ist mir am heutigen Tage so wundersam gegenwärtig; es scheint mir, als hätten sich die Gegensätze in mir zu einem Kuss vereint.

Verlorensein und Aufgehobensein; beides liegt so nah zusammen, und ich spüre beide Seelenzustände so, als hätten sie sich die Hand gegeben:

Ich bin die Eiche, die an ihrem alten Platze ruht, einem Zuhause, über das sie Geschichten zu erzählen vermag.
Fest und tief wurzelt sie in der Erde, ihrer Heimat, und sie hat es aufgegeben, etwas zu wollen.
Ja, in jungen Jahren, da wollte sie - mit ihrer ganzen Leidenschaft, der Kraft einer jungen Eiche.
Sie wollte da hinwachsen und dorthin - wollte mit ihren Zweigen spielen, um ihnen die Richtung vorzuschreiben und dem Wachstum zum Trotze: Sie wollte ihre Richtung selber bestimmen!

Das Leben hat sie vieles gelehrt, und nun steht sie da mit ihrer ganzen Kraft, Schönheit und Würde. Nicht verschont von den Narben, die sie sich durch ihren jugendlichen Leichtsinn sel-

ber zufügte - , sie steht da und hat das Wollen abgelegt, so wie sie einmal im Jahr ihre Blätterpracht ablegt.
Anfangs hat ihr auch das Schwierigkeiten gemacht, und selbst aus dieser unabänderlichen Zeremonie wurde für sie ein leidenschaftlicher Kampf.

Die Eiche in mir - sie steht fest und klar - voller Ergebenheit und uralter Würde schaut sie und spricht nicht viel über ihre Geschichte, weil sie zu ihr geworden ist.
Und dann ist da das Blatt, was sich mit allen Kräften dagegen gewehrt hat, vom Baum abzulassen. Ja, mit allen Kräften und allem Mut, der in so einem kleinen Blätterherz wohnt, hielt es sich am Baume - seiner Mutter gleich - fest.
Jedes Jahr auf's Neue - furchtbar entkräftet und müde, musste es nach jedem Kampf feststellen, dass die Kraft der Herbstwinde stärker waren.

Oh, wie ward' ihm angst und bange, so angst und bange, so ziellos durch die Lüfte zu flattern... mal hierhin und mal dorthin, und immer, wenn das Blatt meinte, aufatmen zu können, weil es einen stillen und ruhigen Platz für sich gefunden meinte, dann machte es HUI und nochmals HO, und der kleine Blätterleib wurde weiter getrieben. Fort, immer weiter fort von seiner großen Mutter, der starken Eiche.

Es verstrichen Jahre - lange, allzu lange Zeiten der Angst, des Umhergetriebenseins und der Entkräftung, bis das Blatt - immer wieder auf's Neue geboren - durch diese Zeiten der Jahreszyklen geschickt, ja, bis sich das Blatt ergab.
Es war nicht etwa aus einem besseren Wissen heraus, dass es seinen Kampf einstellte, nein, - es war schlicht und einfach aus seiner großen Erschöpfung heraus, die ihm keine andere Möglichkeit ließ, als sich endlich hinzugeben.

Tja, und so lag es anfangs da - wimmernde und schluchzende Laute vernahmen die Winde des Herbstes, wenn sie selber rasteten und das Klagen nicht durch ihr Getose unterging. Doch hatten die Winde kein Erbarmen, und so schienen sie all ihre Geister zusammen zu trommeln, um noch grausamer, noch stärker ihr gnadenloses Spiel treiben zu können.
Dem kleinen Blatt ist nicht möglich zu sagen, wann es war, dass sich das entsetzliche Spiel auflöste.
Geschah es während der ohnmächtigen Erschöpfung, die ihm alle bewussten Sinne raubte?

Es gibt unzählige Bücher, die nur so vor Blättergeschichten strotzen, und - Blätterexperten zerbrechen sich ihre schlauen Köpfe über diesen Punkt.
Wer dieser Frage nachgehen möchte, weil er an dem WIE interessiert ist, der sollte es tun. Ich für meinen Teil, ich will einfach dabei bleiben, dass ich es nicht weiß.

„Vielleicht sind es einfach die Jahre?", haucht mir das Blatt zu, und während es im Winde tanzt, - mal hierhin, mal dorthin, lächelt es sein stilles und vergnügtes Blätterlachen. Es hat entdeckt, wie es die Winde des Herbstes für sich zum Freund gewinnen kann. Und - weil es die Große Mutter jetzt in seinem Blätterherzen so nahe fühlt, ist ihm die Angst genommen.

Der Frühling wird kommen. Diese stille, doch so süße Gewissheit tanzt jetzt mit ihm durch die Lüfte, und wenn ihm auch dann und wann im eisigen Wind der Winterluft eine dicke Träne aus der Blätterseele rollt, weil ihm das Herz so wehe ist, - denn es ist doch nicht immer leicht, im Eise die Wärme seines Zuhauses zu fühlen, so wird die Sonne kommen und ihm mit ihren guten Strahlen die Eistränen trocknen.

Ja, das Blatt... So fühle ich. Mag's Melancholie, mag's Einsicht sein; es ist mir, als wäre ich Eiche und Blatt zu gleichen Teilen.

Ein stiller Trost empfängt mich, und eine heitere Ruhe kehrt in meine traurige Seele ein.

Phantasie oder Einweihung?

Traum oder Realität?

Was macht es aus, 's ist mir einerlei.

Ich schaue hinaus, und ein Blatt lächelt mir zu - voller Lust, tanzend, zwinkert's mir zu, während sich ein anderes mit aller Blätterkraft am Baume festzukrallen scheint.

Wärme strömt in mein Herz hinein, und ich möchte dem Blatt zuzwinkern, doch es würde mich gar nicht bemerken.

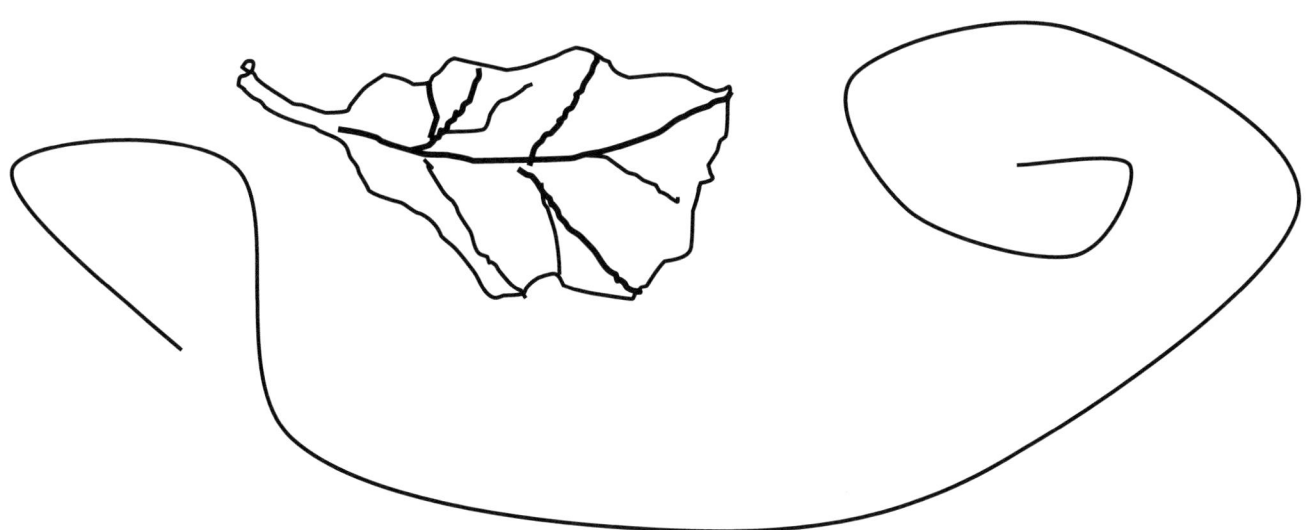

Winterträume

Winterträume

Es ist bitterkalt, so kalt, dass mir der Atem zu kleinen Eiskristallen gefriert. Und während ich durch den blau glitzernden Schnee stapfe, ziehe ich mir den Mantelkragen ein wenig höher, reibe mir mit der anderen Hand die Nase, so als wollte ich nur eben nachsehen, ob sie noch da ist. Doch ich fühle weder die Nase, noch meine Hand, denn allmählich habe ich den Punkt erreicht, der hinter dem bohrend - und brennenden Schmerz liegt: Ich fühle nichts mehr, außer den stechenden Eiswind, der mich nun schon seit Stunden auf meiner Wanderschaft begleitet.

Und ich fühle diese dumpfe Müdigkeit, die sich vor meinen Augen und auf sämtliche Glieder gelegt hat. Wie ein Schleier tanzt sie mir vor dem Gesicht herum, verwandelt die Bäume vor meinen Augen in riesige Ungeheuer, die ihre Arme nach mir ausstrecken. „Nicht aufgeben!", Höre ich eine Stimme aus dem Wald zu mir sprechen, „Patrizia, gib' nicht auf! Lass Dich nicht von der Müdigkeit fangen!"
Ich schaue mich um, und eine Gänsehaut läuft mir über den Rücken. Mit all meiner Gedankenkraft kämpfe ich mich durch den zähen Schleier hindurch, der sich wie Schneeflocken auf meine Iris gelegt hat, und es gelingt mir,

ihn für einen kurzen Moment zu zerreißen; eine Eule schaut mich mit riesenhaften Augen an. Mir ist, als könnte sie geradewegs in mein Herz sehen, - wenn ich nicht wüsste, dass ich nicht wirklich und wahrhaftig jetzt hier bin; hätte ich nicht diesen eisigen Wind im Nacken, ich hielte das Ganze für einen dieser phantastischen und märchenhaften Träume, doch - in Träumen friert man nicht so erbärmlich, in Träumen schreckt man spätestens in so einem Moment hoch, um wach zu werden.

Noch einmal drehe ich mich um und konzentriere mich mit meinen ganzen Sinnen auf meine Augen: Die Eule sitzt da, schaut mir ins Gesicht und raunt: „Patrizia…
Pa – tri – zia!"

Das Merkwürdige ist, dass es mir so selbstverständlich erscheint, mit Tieren zu sprechen, so als hätte ich mein Leben lang nichts anderes getan, als mit Eulen zu reden, rufe ich: „Hilf mir, meine Eule! Hilf mir!
Ich wandere seit Stunden herum, und ich finde nicht, was ich suche!"

„Merkwürdig!", denkt ein anderer Teil in mir, „was suche ich denn?"
Trotz meiner Verwirrtheit ist eine tiefe Klarheit in mir; mir ist, als wäre ein größerer und stärkerer Teil von mir seit langer Zeit wieder zum Leben erwacht; ein Etwas ist endlich dort angekommen, wohin es sich mit aller Kraft sehnte:
„Zuhause! Ich bin wieder Zuhause!"

Während mir diese und ähnliche Gedankenfetzen durch die Sinne rauschen; Gedanken, die zuweilen innerhalb von Sekunden Wahrheiten ans Licht befördern können, die normalerweise Jahre der Reifung bedürfen, beginnt sich der Nebel auf einmal wieder aus dem Nichts heraus auszubreiten; wie Schneeflocken tanzt er mir vor den Augen herum; immer dichter und dichter werden die kleinen Flocken, so als wollten sie sich zusammentun, um diesen dichten und undurchdringlichen Schleier zu bilden, der mir die Sinne raubt.

„Es ist noch nicht soweit - so w e   i   t !", ist das Dröhnen des Waldes, und des Nebels Echo schneidet sich geheimnissvoll und unbarmherzig in mein Herz hinein, oh!
Mir ist so kalt, gnadenlos ist diese Stimme, gnadenlos und kalt! Wie der eisige Wind, jener, der seit Stunden mein Begleiter ist.

Die tiefe und schwere Müdigkeit erfasst mich wieder, und ich spüre noch den kalten Schnee, der mich wie ein gütiger Teppich aufnimmt, als ich zu Boden sinke.

Auch jetzt noch tanzen die Flocken vor meinem inneren Auge herum; da schwirrt eine, und dort!

Sie tanzen mich immer tiefer in die Müdigkeit hinein, und plötzlich nehmen mich die Schneeflocken mitten in ihren Kreis; ich bin von dichtem und zähem Nebel umringt; alles in mir wird von ihm erfasst, und es scheint, als wäre ich selber zu Nebel geworden; eine riesige Spirale tut sich vor mir auf; nein, es ist unfassbar, ich **bin** die Spirale und ich drehe mich mit einer rasenden Geschwindigkeit.

Schneller und schneller drehe ich mich; Bilder ziehen an mir vorbei, Geschichten tauchen auf, wahre Begebenheiten, die längst vergessenen und die im Herzen tief eingebrannten.

Ja, auch Sehnsüchte und Hoffnungen, die in Vergessenheit gerieten, sie galoppieren an mir vorbei. Ich erlebe alles mit der Urkraft meines Fühlens. An der Schwelle des Nicht-Mehr- Ertragbaren geschieht etwas Eigenartiges:

Ich werde von einem vibrierenden Rauschen erfasst; jede Zelle meines Seins steigert sich zu einem Crescendo. Explosionsbereit.

Höllenqualen vermischen sich mit orgiastischer Glückseligkeit.

Ich habe niemals zuvor solch Gefühl empfunden.
Ein tiefes Stöhnen geht durch mich hindurch.

Ich weiß nicht, was von mir übrig geblieben ist.

Weiß nicht, wer ich bin.

Ich bin das Leben, und ich bin der Tod...

G e b u r t u n d T o d !

Blitze durchzucken mich mit einer unbeschreiblichen Massivität und Lautstärke, wobei ich mit einer Geschwindigkeit ins Zentrum rase, welches das zuvor Erlebte bei weitem übersteigt.

Der Strudel, der von mir Besitz genommen hat - oder bin ich der Strudel? - saugt mich in seine Tiefe.

Mit einem laut bohrenden Krachen - ich kann es mit jeder Faser spüren - durchstoße ich eine Membran; im selben Augenblick zische ich in ein gleißendes, ALLES durchdringendes Licht; Sterne über Sterne ziehen an mir vorbei, manche berühren mich mit einer so intensiven Zartheit, dass mich eine ekstatische Freude durchflutet, die alles Vorstellbare hoch übersteigt.
Inmitten all dieser Himmelskörper und Galaxien, in dieser Lichterflut, die alles durchdringt und mit sich selbst erfüllt, ist es wieder da, das Gefühl:

„Zuhause! Ich bin heimgekehrt!"

Kaum habe ich diese Worte gedacht, werde ich auch schon von einem gewaltigen Strom gepackt, der mich um mich selbst rotieren lässt.

Einer Sternschnuppe gleich, zische ich auf eine Kugel zu; sie scheint mich mit einer enormen Kraft aufzusaugen; ein riesiger Staubsauger, dessen Beute ich bin: hilflos und ausgeliefert, so wie eine Fliege sich fühlen muss, wenn sie ins Spinnennetz gerät, -
und doch ist im selben Augenblick eine starke Geborgenheit gegenwärtig,

EINVERSTANDENSEIN...

Vertrauen und Wärme, sie sind da, mich zu tragen.
Tränen treten mir in die Augen, ja, mir ist plötzlich, als verstünde ich die Dinge so, wie sie in Wirklichkeit sind.

Meine Brust, beginnt aus den Urgründen ihres Schmerzes heraus, zu beben. - Alter, uralter Schmerz. Wie lange habe ich diesen Schmerz mit mir herumgetragen?! Wie lange muss der Vulkan an Tränen in meinem Innersten gebrodelt haben?! Und da schießt auch schon die gesamte Brut heraus aus mir; die Brut, die reif und flügge geworden ist, endlich frei zu sein. Ich weine und weine; lawinenartig löst sich das Eis meines Herzens, schiebt sich durch den Panzer meiner Brust, bis auch die letzten Dämme gebrochen sind.

Und dann liege ich einfach nur da. Wimmernd und erschöpft. Ich spüre die nackte und feste Erde unter meinem Körper. Ein wohlig-warmer Schauer durchrieselt mich, und wie von weiter Ferne höre ich eine wohlvertraute Stimme rufen: „Patrizia quo vadis?!"

Diese Stimme hat so eine tiefe Eindinglichkeit, dass mich allein ihr Klang aus der ohnmächtigen Erschöpfung befreit. Mühsam öffne ich die Augenlider, die bleischwer auf meinen Augäpfeln liegen und blinzle dem neuen Leben entgegen. Einem Leben, von dem ich nicht weiß, ob es Traum oder Realität ist.
„Patrizia!", raunt es noch einmal, und mit jeder Faser meines Seins flüstere ich: "JA!"

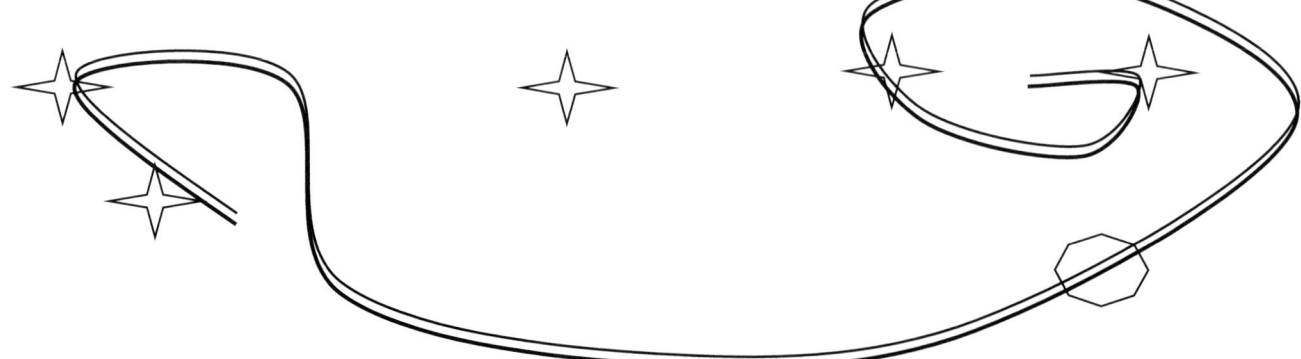

Epilog:

Alle 4 Geschichten wurden von mir - zu ganz unterschiedlichen Stufen & Zeiten meines Lebens geschrieben; sie sind zutiefst gelebt und in ihrer ganzen Essenz erfahren:

Der Herbst ist bereits 1987 entstanden, und doch ist seine ‚Farbe' sowie auch der ‚Klang' jeder Jahreszeit ewig gültig!

Den Tod des Winters bin ich viele Male - mit ganzer Inbrunst des Leidens gestorben, bis ich ihn ins Leben erlösen durfte.

Der Frühling zeigte für mich selbst einen großen Neubeginn an.

Das Neue Werden darf sich jetzt - in seiner vollsten Blüte - in mir & auch auf der Erde entfalten, um im Sommerregen seine kraftvolle & überfließende Fruchtbarkeit zu bezeugen:

Aus der Winterstarre des Todes - ins Neue Leben gebärend. ~ In Liebe & Verbundenheit ~

Susanne Imogen Rosanna Sánchez

Zu meiner Person:

Susanne Imogen Rosanna Sánchez

Mit ganzem Herzen schreibe, male, heile, lebe & liebe ich!

Als Mutter von 2 wundervollen Kindern (Dominik/ Lucía) bin ich gerne in der Stille der Natur & als Heilpraktikerin & Schamanin tätig.

Mein Name Imogen bedeutet Botin der Engel, und so folge ich der Herzensbotin, die ich bin.

Wer mich auf meiner Seite - Heilpraxis Schwanenlicht www.heilpraxis-schwanenlicht.de, besuchen möchte, der sei willkommen! Darüber freut sich mein Herz!

Seid unendlich bedankt und gesegnet für Euer Sein, und wisset:

Wir sind im Herzen des E i n e n Herzens verbunden!

Es ist das Herz der Amsel & der Steine,

Es ist das Eine Schweigen …. der LIEBE !

Von ganzem Herzen sei auch ein Dank ausgesprochen an alle geduldigen Menschen während der Zeit des Schreibens, die mich auf allen Ebenen unterstützten!

Ein besonderer Dank gilt dem Autor Michael Kern für seine liebevolle gestalterische Unterstützung, denn sie hat das Äußere meines Buch sowie mein Schwanenbild und mich selbst zu guter letzt zum lichtvollen Erstrahlen gebracht! Wer schöne und lichtvolle Bücher mag:

Weitere Infos unter: www.M7-Seven.de

Auch allen unsichtbaren Helfern Herzensdank, denn gerade sie dürften so manches Mal wohl an mir verzweifeln ☺ mit meinem Temperament ☺

Segen, Segen, Segen

Fließe mit Sommerregen in die Welt hinein ~

Ergieße sich

In alle Herzen hinein ~ aus dem Einen Herzen der Liebe!

Und so ist es!

Amen